NOTICE BIOGRAPHIQUE

SUR

M. SIMONEL

ANCIEN DIRECTEUR

de l'École Normale Primaire de la Gironde

suivie

DES DIVERS DISCOURS PRONONCÉS LE JOUR DE SES OBSÈQUES
ET LE JOUR DE LA CÉLÉBRATION DU SERVICE FUNÈBRE.

BORDEAUX

IMPRIMERIE GÉNÉRALE D'ÉMILE CRUGY,
16, rue et hôtel Saint-Siméon, 16

1875

NOTICE BIOGRAPHIQUE

SUR

M. SIMONEL

ANCIEN DIRECTEUR

de l'École Normale Primaire de la Gironde

suivie

DES DIVERS DISCOURS PRONONCÉS LE JOUR DE SES OBSÈQUES
ET LE JOUR DE LA CÉLÉBRATION DU SERVICE FUNÈBRE.

———

BORDEAUX
IMPRIMERIE GÉNÉRALE D'ÉMILE CRUGY
16, rue et hôtel Saint-Siméon, 16
1875

M. SIMONEL en 1859

Photographie A. Pédron, rue Lafaurie-Monbadon, 42, Bordeaux.

OBSÈQUES

DE

M. SIMONEL

Les obsèques de M. Simonel ont eu lieu le 11 novembre 1874, à La Sauve, dans la chapelle même de l'École Normale, décorée à cette occasion d'emblèmes funèbres.

M. le Recteur, M. l'Inspecteur d'Académie, M. Benoît, ancien inspecteur, plusieurs instituteurs du voisinage, et la majeure partie de la population, s'y étaient rendus, et encombraient tous les abords de la chapelle.

La messe solennelle, à laquelle assistait un clergé assez nombreux, a été chantée par les élèves, qui, ensuite, sont tous montés dans des voitures, avec les professeurs, pour accompagner le corps jusqu'au cimetière de Bordeaux, où il a été déposé dans un caveau de famille.

Depuis l'entrée de la Chartreuse jusqu'à la tombe, le clergé de Saint-Bruno a conduit le corps, escorté par un détachement de soldats venus tout exprès pour rendre au défunt les honneurs militaires, et suivi d'une multitude considérable d'anciens élèves, aujourd'hui instituteurs, et d'amis qui, inspirés par le cœur, s'étaient trouvés là comme à un rendez-vous obligé. Après les dernières prières, la foule émue et attentive a écouté avec recueillement les discours qu'on va lire.

Discours de M. le Recteur.

Messieurs,

Si la gloire pouvait convenir à une vie modeste, recueillie dans les devoirs de la piété, de la famille et d'une profession qui est par sa nature un dévouement continu au bien d'autrui, personne n'en eût porté des marques plus éclatantes que M. Simonel. Mais il a reçu tous les honneurs que l'État et l'Université accordent à leurs serviteurs les plus dévoués, et nul n'a plus fait pour mériter la couronne suprême dans le monde où il est allé se reposer.

Il n'a pas voulu de repos dans ce monde où nous l'avons connu et vénéré, où vous le pleurez aujourd'hui. Mais, en récompense de son travail, quelle moisson d'estime, de respect, de reconnaissance!

Je ne vous raconterai pas la carrière de M. Simonel. Elle fut simple, presque aussi longue que sa vie, riche de bienfaits pour les générations des jeunes gens qui, pendant quarante ans, se sont succédé à l'École de Bordeaux ou de La Sauve, sous sa direction. Deux départements, celui de la Gironde et celui de Lot-et-Garonne, lui doivent l'élite de leurs instituteurs.

Songez, Messieurs, quelle part immense de responsabilité revient à cet homme dont la pensée se multiplie à l'infini, d'abord parmi les maîtres, puis parmi les élèves d'une multitude d'écoles, dont l'âme se réfléchit dans l'éducation de tout un peuple d'enfants : quel danger, ou quelle salutaire influence, selon le penchant de son cœur!

Le cœur de M. Simonel ne connut que la vérité et la vertu. Que sa mémoire soit bénie et que son exemple survive!

Pendant sa vie, vous l'avez aimé avec tendresse et de toute votre raison. Je n'en veux pour preuve, maîtres et élèves, que votre attitude à l'École de La Sauve pendant ces jours où votre Directeur, votre père, s'apprêtait à vous quitter. Il avait cessé de se montrer dans vos classes et dans vos études; il ne pouvait plus vous adresser la parole. Mais sa sollicitude veillait toujours, et vous sentiez qu'il n'y avait pas de séparation entre lui et vous. Le respect qu'il vous inspirait a suffi pour gouverner la maison. Jamais vous n'avez été plus studieux et plus recueillis. Vous auriez craint d'offenser par la moindre imprudence son âme déjà suspendue entre le ciel et la terre, et ne pouvant se détacher de sa chère École.

Que l'image de votre Directeur vive éternellement dans votre souvenir; et priez Dieu, sur le bord de sa tombe, qu'il vous donne le mérite, sinon d'égaler, au moins d'imiter sa vertu, la ferveur de son zèle, la dignité de sa vie et la perfection de son œuvre professionnelle.

Discours de M. l'Aumônier.

Messieurs,

En présence de cette tombe ouverte qui va bientôt se refermer sur la dépouille mortelle de notre cher et vénéré M. Simonel, la seule voix qui semble devoir être entendue est celle de nos larmes, de nos regrets, de nos prières.

Et pourtant, combien d'autres sentiments, combien d'autres souvenirs pourraient à juste titre trouver ici leur place ! Mais l'heure avancée et nos poignantes émotions ne nous permettent pas de les réveiller tous.

Il est néanmoins un sentiment, jeunes élèves qui m'écoutez, et vous, Messieurs les instituteurs formés par ce digne maître, il est un sentiment profondément gravé dans vos cœurs, dont vous me reprocheriez assurément de ne m'être pas fait ici l'organe : c'est celui de la reconnaissance !

Assez d'autres pourront raconter ailleurs cette existence si admirablement remplie. Ils diront ces hautes qualités littéraires, scientifiques, administratives, pédagogiques, qui ont distingué notre cher défunt, ces travaux assidus de trente-neuf années et demie dans notre département, par lesquels il a formé plus de mille honorables instituteurs, et qui lui avaient valu, depuis longtemps déjà, de voir sa poitrine décorée de la croix de l'honneur et du mérite. Ils diront les examens généralement brillants de tous ses élèves, qui venaient, chaque année, couronner immanquablement les études scolaires, mais qui lui avaient coûté précédemment, vous le savez tous, Messieurs, tant de battements de cœur, tant de redoublement de soins, tant de sollicitude.

Ils diront encore les étonnantes merveilles réalisées par ses talents économiques joints à son admirable probité. N'est-ce pas là, en effet, la double cause qui lui a permis d'amasser dans la caisse de l'École ces prudentes réserves avec lesquelles, malgré des ressources relativement restreintes, et qui n'avaient pas suffi à maintenir plusieurs autres Écoles Normales en diverses localités de la France, il a pu, en 1846, pourvoir à l'excédant de frais causé par la cherté du pain, sans demander aucun secours à la caisse départementale, et, en 1859, fournir 70 mille francs pour coopérer à l'achat du magnifique immeuble affecté à notre École Normale, que le département possède aujourd'hui à La Sauve; et cela, sans que rien en ait souffert dans la maison, sans que les élèves aient jamais été privés de ce qui était nécessaire à la conservation de leur santé et de leur aptitude au travail?

D'autres, enfin, diront quel a été, durant sa longue carrière, cet homme que l'on peut appeler, par dessus tout, *l'homme du devoir, qui s'est sacrifié au de-*

voir, qui l'a même exagéré jusqu'au scrupule ; et ils pourront appuyer de mille traits ce beau titre que tous ceux qui l'ont connu lui décernent ici avec moi, quand je l'appelle l'*homme du devoir*.

En un mot, ils diront tout cet ensemble de faits et de qualités si honorables pour le corps universitaire dont il était membre, et qui a valu à l'École Normale de la Gironde l'avantage d'être notée dans l'opinion comme la première de France.

Eh bien! oui, Messieurs, je laisse à d'autres le soin de dire tout cela, pour me rendre uniquement ici l'interprète des sentiments de votre vive reconnaissance. Non, je ne crains pas de l'affirmer de vous, Messieurs les Instituteurs si nombreux qu'il a formés dans la Gironde et le Lot-et-Garonne, ni de vous qui êtes encore nos élèves, la reconnaissance motivée sur les soins tout paternels qu'il donnait, la nuit et le jour, à votre santé, à votre bien-être ; sur son zèle pour votre instruction et votre éducation, sur ses sages avis, sur ses tendres reproches, sur sa surveillance de tous les instants, sur sa sévérité même dans la discipline, par laquelle il vous formait si bien à obéir, pour qu'ensuite vous sussiez mieux commander ; oui, dis-je, la reconnaissance pour tous ces bienfaits, voilà le sentiment vrai qui domine en ce moment dans vos cœurs, qui se mêle à vos larmes, et qui fait monter vers le ciel le cri de vos supplications en faveur du plus apprécié et du meilleur des maîtres.

Oh! oui, Messieurs, soyez-en sûrs, ce cri de votre amour et de votre reconnaissance sera entendu là-haut, et vous serez exaucés : car ce n'est pas pour un tel homme que des prières pourraient être vaines. M. Simonel était, avant tout, un solide chrétien. Sa philosophie sage se trouvait rehaussée et dirigée par une foi sincère et ferme, manifestée par la pratique assidue de tous ses devoirs religieux, pratique dont vous avez été les témoins, et qui est une des plus belles leçons qu'il vous ait jamais données.

Voilà le gage solide des infinies miséricordes de Dieu à son égard. Quand un chrétien a couronné une vie si pleine par une mort si sainte ; quand, suivant le mot du psalmiste : « *Paratum cor ejus sperare in Domino* », il s'y est préparé par la résignation à la volonté de Dieu dans de cruelles souffrances, par une double réception du saint Viatique et de toutes les autres grâces que la Sainte Eglise tire abondamment de son trésor en faveur des mourants, oh ! on peut le dire sans crainte, ce chrétien était mûr pour le Ciel ; il était prêt pour la couronne éternelle.

Et voilà sans doute pourquoi la Très-Sainte Vierge, que nous avons tant suppliée de vouloir bien le conserver à notre affection, a préféré hâter sa délivrance et lui obtenir le parfait repos du juste.

C'est cette pensée, Messieurs, qui fait que, de bien amères, nos larmes deviennent en quelque sorte douces. Puisse-t-elle aussi, cette même pensée, jointe à ce témoignage universel d'estime, à ce concert una-

NOTICE BIOGRAPHIQUE
SUR M. SIMONEL

Directeur de l'École normale primaire de la Gironde

Le regretté directeur de l'École Normale de la Gironde, que la mort a frappé encore dans l'âge de la force, le 9 novembre 1874, était né le 9 avril 1809, à Orbigny-au-Mont (Haute-Marne). Après de fortes études faites au lycée de Langres, il fut reçu bachelier ès-lettres le 27 août 1829. Ses goûts et ses aptitudes le portaient vers la carrière de l'enseignement. Il débuta au collège d'Autun avec le titre de maître d'étude et de maître élémentaire. Sa précoce maturité d'esprit et la fermeté de son caractère le firent appeler, dès l'année 1830, à la sous-direction de l'École Normale primaire de Dijon. Il n'occupa ce poste qu'environ dix-huit mois et entra dans l'enseignement secondaire comme professeur de cinquième au collége de Beaune ; il passa, deux ans après, au collége de Châlons-sur-Saône en qualité de professeur de troisième. L'avancement de M. Simonel était rapide et l'avenir était pour lui plein de promesses. Mais les brillantes qualités du professeur n'étaient qu'un des côtés de sa nature d'élite; il possédait déjà à un haut degré la netteté de vues, la décision d'esprit et la fermeté de résolutions qui commandent le succès, font le puissant organisateur et l'administrateur habile. Apprécié de ses chefs et signalé à M. Guizot, ministre de l'instruction publique, par le recteur de l'Académie de Dijon, M. Simonel fut nommé directeur de l'École Normale primaire de la Gironde le 12 mars 1835. L'enseignement primaire venait d'être organisé ou plutôt créé par la loi de 1833, qui n'est pas le moindre titre de gloire de M. Guizot, qui en a tant d'autres ; il fallait fonder de nouvelles Écoles Normales, réorganiser celles qui existaient déjà, et, pour cela, faire appel aux dévouements éprouvés et aux aptitudes spéciales. C'était un grand honneur pour M. Simonel d'être choisi dans ces circonstances, et à l'âge de vingt-six ans, pour diriger l'École Normale d'un des plus importants départements de France. Il le comprit et se rendit immédiatement à son poste, malgré les regrets bien naturels de quitter la voie où il n'avait trouvé que sympathies et succès. Les succès et les sympathies l'attendaient encore dans sa nouvelle carrière, mais au prix de quels travaux et de quelle abnégation!

Un directeur d'École Normale est à la fois administrateur, professeur et économe. Cette triple tâche est bien lourde, surtout lorsqu'il s'agit d'une grande école comme celle de La Sauve, qui reçoit les élèves-maîtres de deux départements. L'activité, la vigilance, la ferme et paternelle sollicitude de l'administrateur se manifestèrent dès les premiers jours, et le temps ne fit que leur donner l'ampleur et la sûreté qui imposent la confiance et le respect et rendent l'obéissance facile à tous. Le brillant professeur réforma l'enseignement et se prépara, dans le sein même de l'École, des auxiliaires instruits et convaincus qui l'ont si puissamment aidé à former ces nombreuses générations d'instituteurs capables et dévoués qui font l'honneur de leur corps et de l'École Normale primaire de la Gironde. Au milieu de tant de soins, l'économat ne restait pas en souffrance, et M. Simonel avait parfaitement compris que l'ordre matériel est un puissant moyen d'amélioration morale. Ses veilles étaient employées en travaux de comptabilité; toutes les dépenses étaient prévues et réglées avec la sagacité du père de famille qui tient à la prospérité de sa maison. La situation financière de l'Établissement toujours a été florissante; et, sans compromettre le bien-être des élèves, des excédants de recettes importants ont permis d'améliorer le mobilier de l'École, de créer une belle bibliothèque, d'acquérir des instruments d'étude et des collections scientifiques de la plus grande utilité. Le boni de l'École a même contribué pour une large part à l'acquisition de l'immeuble de La Sauve.

M. Simonel était convaincu que l'instituteur, pour enseigner peu, mais fructueusement, doit savoir beaucoup et bien. L'École a fourni d'excellents sujets qui tous sont restés modestes, quelques-uns même dans des positions relativement élevées. Les examens et les inspections ont mis en lumière le bon esprit, la direction pratique et la solidité de l'enseignement donné. Il y a environ deux ans, MM. Levasseur et Hymli, dans un rapport sur l'enseignement de l'histoire et de la géographie en France, plaçaient l'École de La Sauve en tête des Écoles Normales et bien au-dessus de beaucoup de collèges et même de plusieurs lycées. Des comparaisons non moins favorables auraient pu être faites sur beaucoup d'autres points.

Le mérite de M. Simonel était universellement apprécié, et, chaque année, un légitime tribut d'éloges et de reconnaissance lui était payé dans le rapport sur l'instruction primaire présenté au Conseil départemental de l'instruction publique et au Conseil général. L'autorité supérieure, de son côté, n'a pas laissé des services si distingués sans récompense. Le 1er mars 1846, M. Simonel était nommé Officier d'Académie; cinq ans plus tard, il obtenait le titre d'Officier de l'instruction publique, et, peu de temps après, il recevait la décoration de la Légion d'honneur, aux applaudissements de tous ceux qui connaissaient son inépuisable dévouement à la cause de l'enseignement primaire;

qu'il a servie sans défaillance et sans préoccupation d'intérêts personnels pendant plus de quarante ans. Il ne lègue, en effet, qu'un héritage d'honneur à sa veuve qui a partagé sa vie de travail et d'abnégation, et à sa fille, si digne de sa tendresse.

Il suffisait d'approcher M. Simonel pour apprécier toutes les qualités de son cœur. Son esprit fin et délicat, son urbanité, sa loyauté, sa conversation variée, facile, enjouée même, son hospitalité empressée et généreuse lui avaient attiré des amitiés nombreuses et solides, quoique ses devoirs absorbants ne lui laissassent guère le temps de les cultiver. Il se consacrait principalement à sa famille, à ses adjoints et à ses élèves. Il était heureux au milieu d'eux, et le temps des vacances lui paraissait bien long, quoiqu'il l'employât à tout préparer pour la rentrée. Le repos, il ne le connaissait pas, et il a fallu les plus vives instances pour l'obliger à faire deux fois le voyage de Vichy, afin d'y suivre le traitement que réclamait sa santé. Ses élèves lui ont toujours rendu en respect et en attachement ce qu'il leur donnait en soins éclairés, en intérêt paternel et en dévouement à toute épreuve. Ils avaient pour lui un véritable culte; le fait suivant en est une preuve bien touchante. Dans une des dernières sessions d'examens pour l'obtention du brevet de capacité, un élève de l'École Normale fut ajourné, chose bien rare. Quelqu'un voyant plusieurs élèves de la même École pleurer à chaudes larmes, leur demanda s'ils avaient échoué : « Non, répondirent-ils, nous sommes admis en très-bon rang; mais un de nos camarades n'est pas reçu, et nous sommes désolés de la peine que cet échec fera à notre bon directeur. » Ces sentiments honorent à la fois le maître qui sut les inspirer et les élèves capables de les éprouver.

M. Simonel, doué d'un tempérament robuste, a été victime de son dévouement sans bornes. La maladie qui l'a conduit au tombeau n'était que la conséquence des grandes fatigues qu'il n'a jamais voulu s'épargner, même en avançant en âge. Il a vu arriver la mort avec la résignation d'un sage et la foi d'un chrétien.

La paroisse Saint-Seurin de Bordeaux ayant été le berceau de l'École Normale, les anciens élèves ont choisi cette église, où M. Simonel avait rempli les fonctions de membre du Conseil de fabrique, pour y faire célébrer, le 17 décembre 1874, un service solennel. L'immense majorité des Instituteurs du département, le nouveau Directeur, les Professeurs et les Élèves de l'École Normale, la Commission de surveillance, les Inspecteurs primaires, l'Inspecteur d'Académie, M. Dauzat, ancien inspecteur d'Académie de la Gironde, ancien recteur de l'Académie de Chambéry, M. le Recteur de l'Académie de Bordeaux s'y étaient rendus malgré la rigueur du temps, et la vaste nef de la basilique était pleine. Ce touchant empressement, ce pieux hommage de regrets, d'affection et de reconnaissance était, comme l'a dit le vénérable curé de Saint-Seurin, dans une remarquable allocution qu'on lira ci-après, le plus éloquent panégyrique de celui qui en était l'objet.

Les instituteurs du département de Lot-et-Garonne, anciens élèves de La Sauve, ont payé le même tribut à la mémoire de M. Simonel dans la cathédrale d'Agen.

En vertu d'une fondation faite par tous les anciens élèves, deux messes seront célébrées tous les ans, à la même intention, dans l'église Saint-Seurin, l'une à 8 heures, le 9 novembre, jour anniversaire de sa mort, et l'autre à 11 heures, le premier jeudi qui suivra le 2 novembre, fête de la commémoration des Morts. Cette union dans la prière et dans le culte du souvenir des bienfaits ne pourra que fortifier les sentiments de bonne confraternité qui animent les instituteurs de la Gironde.

Les aînés touchant déjà à la vieillesse, et les plus jeunes à peine sortis de l'adolescence! Et tous ces membres d'une immense famille confondus dans un même sentiment d'estime, d'affection et de regret!

Ah! Messieurs, vous avez offert un touchant spectacle le jour où vous êtes venus au-devant de la dépouille mortelle de votre cher Directeur, que la Grande-Sauve, après lui avoir payé le tribut de ses larmes, envoyait à Bordeaux! Vos sanglots l'accueillirent à l'entrée du champ des morts et l'accompagnèrent jusqu'à la tombe qui allait le dérober à vos regards. Mais plus beau et plus imposant est le spectacle que présentent aujourd'hui vos rangs pressés dans cette enceinte sacrée! Non, il n'est plus besoin d'éloges pour M. Simonel. C'est vous, Messieurs, qui êtes son plus bel éloge. C'est votre présence ici qui le met au-dessus de tous nos panégyriques.

Il faut que l'action de cet homme sur vous ait été bien profonde; il faut que ses leçons aient pénétré bien avant dans vos âmes, pour que son souvenir vous soit resté si vivace, pour que ce souvenir affectueux et reconnaissant ait résisté au temps, aux changements, aux révolutions même qui effacent, qui détruisent tant de choses! Un tel empressement, un tel concert dans les hommages que vous rendez en ce jour au Directeur de l'École Normale témoignent des hautes qualités que vous avez dû admirer en lui, et de la constance avec laquelle ces qualités se manifestèrent : fermeté et douceur, dignité et condescendance, amour passionné de la règle, attachement inviolable au devoir, oubli de soi, dévouement aux autres, autorité toujours obéie, bonté tendre et jamais épuisée, esprit droit, cœur noble, intelligence facile, et pour réfléter ce bel ensemble, physionomie ouverte, souriante à la fois et grave.

Voilà, Messieurs, ce que dit, ce que rappelle à tous l'acte solennel que vous accomplissez aujourd'hui.

Mais il dit encore autre chose, cet acte. Il dit l'éducation chrétienne que vous reçûtes à l'École Normale et les bons souvenirs que vous en avez gardés. M. Simonel, en effet, eut toujours en vue de faire de vous non-seulement des maîtres instruits, mais encore des chrétiens convaincus. Il environna toujours de respect, il appuya de son autorité les prêtres appelés successivement à exercer auprès de vous le saint ministère, depuis le cardinal de Cheverus, qui ne dédaigna pas d'être votre conférencier, jusqu'au vénérable aumônier actuel de l'École, dont le zèle, il peut l'attester, trouva toujours dans M. Simonel un fidèle concours pour tout ce qui touchait au bien de vos âmes. Je n'en veux pour preuve que ces retraites annuelles dont j'eus l'honneur tout à la fois et la consolation, il y a douze ans, d'ouvrir la série depuis lors non interrompue.

Ah! ce n'est pas lui, ce n'est pas M. Simonel qui eût jamais compris l'enseignement primaire séparé de l'enseignement religieux; ce n'est pas lui qui eût imaginé des écoles sans Dieu, des maîtres ayant ce triste courage de ne jamais nommer à leurs jeunes élèves Celui qui les a créés, qui les nourrit et les fait grandir, de ne jamais leur parler de Jésus-Christ, de son Église et de sa doctrine.

L'enseignement religieux est l'affaire de la famille, disent ces fauteurs insensés de doctrines impies et anti-sociales. Ah! ils savent bien que la famille, asile autrefois de la science sacrée, ils savent que la famille a singulièrement faibli sur ce point, en nos jours d'incrédulité et d'ignorance; ils savent qu'elle ne peut plus ou ne veut plus remplir le devoir de l'enseignement religieux à l'égard de l'enfance; et, en bannissant cet enseignement de l'École, ils espèrent le bannir de la société.

En effet, cela est triste à dire, mais il n'y a plus que l'École et l'Église où la religion soit enseignée. Partout ailleurs, dans les livres, dans les journaux, les revues, sur les théâtres, dans des chaires réputées savantes, souvent même au foyer domestique, elle est ou négligée, ou dénaturée, ou calomniée.

Contre cet oubli dédaigneux, contre cette hostilité flagrante, que devons-nous faire, Messieurs, nous prêtres, et vous instituteurs? Ce que nous devons faire? Nous unir plus étroitement que jamais, unir nos efforts, notre zèle pour la bonne et chrétienne éducation de l'enfance. Comme nous, vous exercez un sacerdoce. Vous avez non-seulement des esprits à instruire, mais encore des cœurs à former ; vous avez à cultiver des âmes rachetées par le sang d'un Dieu, vous avez à élever des enfants qui seront un jour des hommes, et qui ne seront hommes, retenez-le bien, que ce qu'ils auront été enfants.

Faites donc des chrétiens, Messieurs : c'est M. Simonel, votre bien-aimé père et maître, ce sont vos chefs hiérarchiques ici présents, qui vous le disent par ma bouche, faites des chrétiens et vous ferez des citoyens ; faites des catholiques et vous ferez des Français. Catholiques et Français sont deux termes faits pour s'unir, deux termes unis, en effet, depuis quinze siècles, deux termes qu'on ne séparera jamais, quoi qu'on fasse. En agissant ainsi, en unissant aujourd'hui plus que jamais l'action de l'École à celle de l'Église, vous travaillerez, n'en doutez pas, et pour une large part, au bien de la société, de la patrie et de la famille ; vous continuerez la belle réputation de votre École, la première de France ; vous perpétuerez la mémoire vénérée de votre Directeur ; vous serez sa gloire après sa mort, comme vous l'avez été durant sa vie. Car, dit l'Esprit-Saint par la bouche du sage, c'est par ses fils qu'un homme se fait connaître : *In filiis suis agnoscitur vir* (Ecclésiastique, chap. 11, v. 30).

SOUSCRIPTION

OUVERTE POUR HONORER ET PERPÉTUER LA MÉMOIRE

DE M. SIMONEL

Un comité formé de plusieurs des plus anciens élèves de M. Simonel domiciliés à Bordeaux a été chargé, par les nombreux instituteurs réunis le jour du service funèbre, d'arrêter les mesures à prendre pour honorer et perpétuer la mémoire de ce digne maître. En conséquence, il a ouvert une souscription à laquelle les anciens élèves de la Gironde et du Lot-et-Garonne ont été invités à prendre part.

Les fonds recueillis serviront à payer le service funèbre du 17 décembre, l'impression de la présente brochure à laquelle ont droit tous les souscripteurs, une fondation à perpétuité de deux messes d'anniversaire, enfin une plaque de marbre noir avec inscription et un buste en bronze, qui doivent être placés, comme un monument d'impérissable souvenir, dans l'intérieur de l'École normale.

Membres du Comité d'organisation

MM. CAZENAVE, direct. de l'École comm. de La Bastide, *président*.
LAVERGNE, dir. de l'Éc. comm. de la rue Dupaty, *vice-président*.
SAINSEVIN, chef de bureau à la Préfecture, *vice-président*.
RAINAUD, direct. de l'École comm. de St-Nicolas, *secrétaire*.
TAPIE, direct. de l'École comm. de la rue Villeneuve, *trésorier*.
CAZENAVETTE, dir. de l'Éc. comm. de la rue Sicard, *membre*.
DUMUR, direct. de l'École comm. de la rue Francin, *membre*.
GIRARD, direct. de l'École comm. de St-Ferdinand, *membre*.
TAUZIN, direct. de l'École comm. de St-Augustin, *membre*.
POITEVIN, direct. de l'École comm. de St-Rémi, *membre*.

Souscripteurs de la Gironde.

MM.	MM.
ALBERT, instituteur à Mombrier.	ALBOUY fils, instituteur à Moulis.
ALBOUY père, instituteur à Moulis.	ANGLADE, instituteur à Sauveterre.

MM.

ANGLADE, instituteur à Landiras.
ANNERAUD, prof. au lycée de Bord.
ARNAUD, instituteur à Marcillac.
AUDIGNON, instituteur à Pomerol.
BAILHON, instituteur à Listrac.
BAL, professeur à Arcachon.
BALLANS, instituteur à Sallebœuf.
BALLION, empl. à la Préf. à Bord.
BALLION, instituteur à Beliet.
BARBE, empl. au ch. de fer du Midi à Bordeaux.
BARBE, instituteur à Portets.
BARBOT, instituteur à Ambès.
BATTAILLEY, inst. à St-Symphorien.
BODIN, inst. à Cadillac-s-Dordogne.
BAUDRIT, inst.-adj., r. Sicard, Bx.
BELLANGÉ, instit. à Pleine-Selve.
BELLUE, instituteur à Pugnac.
BERGERIE, m.-adj., r. Francin, Bx.
BERNARD, instituteur à Soussans.
BERNARD, inst. à St-Martin-du-Bois.
BERRON, instituteur à Balizac.
BIDON, instituteur à Arveyres.
BILLAUD, instituteur à Pompignac.
BLANCHARD, maître-adjoint à St-Ferdinand, Bordeaux.
BLANCHEREAU, inst. au Tourne.
BONMARTIN, instituteur à Eynesse.
BOUCHET, instituteur à Hure.
BOUCHET, instituteur à Salaunes.
BOUILLERGE, inst. à St-Christoly.
BOULERNE, prof. à l'École normale de La Sauve.
BOUNET, instit. à Monprinblanc.
BOUNET, instituteur à Loupiac.
BOUNET, instituteur à Talais.
BOURDICHON, instituteur à Aillas.
BOURDIN, instituteur à Guîtres.
BOURDONCLE, propriét. à Paillet.
BOURGET, propriét. à St-André-de-Cubzac.
BOURRAS, instituteur à St-Côme.
BOYER, instituteur à Eyrans.
BOYER, instituteur à Braud.
BRIEU, instituteur à Macau.

MM

BRIOL, propriétaire à Rions.
BROIS, instituteur à Castets.
BROTHIER DE LAVAUX, instituteur à Bayon.
BUGARET, instituteur à Noaillac.
BUSSEREAU, greffier du Conseil de Préfecture à Bordeaux.
CAMUS, instituteur à Gauriac.
CANTAU, instituteur à La Teste.
CASTAING, instituteur à Gujan.
CASSOU, propriétaire à Bordeaux.
CASTANDET, instituteur à Bordeaux, rue Villeneuve.
CARMOUZE, instit. à Camblanes.
CASTAGNÈDE, instituteur à Bassens.
CAZAU, instituteur à Gironde.
CAZAUX, négociant à St-Émilion.
CHAIGNE, instituteur à Lamothe-Landerron.
CHAIGNÉ, instituteur à St-Maixant.
CHAINTRIER, instituteur à Pauillac.
CHARLOT, propriétaire à Gironde.
CHARRON, banquier à Cubzac.
CHATEAU, inst.-adjoint à Libourne.
CHAUMET, instituteur à Blaye.
CHEVILLARD, propriét. à Pellegrue.
CHIRON père, instit. à Maransin.
CHIRON fils, instituteur à Libourne.
CLUZET, instituteur à Cavignac.
COMET, instituteur à St-Magne.
CORTEYS, instituteur à Rions.
COUTHURES, instituteur à Gornac.
COUTOU, instituteur à Cabarra.
COUTURES, instituteur à Toulenne.
COUTURES, négociant à Paris.
DAGANET, prof. à l'École normale de La Sauve.
DAGENS, inst -adj., r. Sicard, à Bx.
DAGUZAN, instituteur à Mazion.
DANDIEU, inst.-adj. à St-Ferdinand, Bordeaux.
DANEY, entr. de bâtisses, rue du Rocher, n° 34, à Bordeaux.
DANEY, instituteur à Nizan.
DARBEAU, instituteur à Arveyres.

MM.

DAULAN, instituteur à Cauvignac.
DAUSSY, agent-voyer à La Teste.
DAVIA, négociant au Bouscat.
DEHILOTTE, inst. à l'île St-Georges.
DELAS, inst.-adj. à l'École supér.
DELIGEY, instituteur à St-Romain.
DELIGEY, prop. à St-Sauveur.
DELILLE-DEYMÈNE, inst. à Moulon.
DÉLIS, instit. à Carbon-Blanc.
DÉLIS, instituteur au Barp.
DÉLIS, inst.-adj. à St-Loubès.
DELLAS, instituteur à St-Léger.
DELPONT, inst.-adj. r. Sicard, Bx.
DELPOUGET, instit. à Avensan.
DESGANS, instituteur à Canéjean.
DESPAGNE, instituteur à Berson.
DEYRES, instit.-adjoint à Gujan.
DIGNAC, instituteur à Pessac.
DIGNAC, inst.-adj. r. Francin, Bx.
DONGEY, instituteur à Ambarès.
DONIS, inst.-adjoint à La Bastide.
DOUENCE, négociant à Monségur.
DROUINEAU, instit. à St-Seurin-de-Cadourne.
DUBERNET, instituteur à Gans.
DUBO, inst.-adj. rue Francin, Bx.
DUBOURG, inst.-adj. r. Francin, Bx.
DUCAU, instituteur aux Peintures.
DUCHAMPS, inst.-adj. à St-Augustin, Bordeaux.
DUCLION, inst. retraité à Castelnau.
DUCOURT, instituteur à St-Loubès.
DUFFIEUX, inst.-adjoint à La Bastide.
DUFOURG, instituteur à Pellegrue.
DUPEYRON, instituteur à La Réole.
DUPORTE, instituteur à Auros.
DUPOUY, instituteur à Langoiran.
DUPRAT, instituteur à Roaillan.
DUPUY, instituteur à Vendays.
DUPUY, instituteur à Lansac.
DUPUY, notaire à Listrac.
DUTHIL fils, inst. à St-Hilaire-de-la-Noaille.
DUVERGÉ, instituteur à Peujard.
DUVERGÉ, inst. à St-Ciers-d'Abzac.

MM.

DUVERGÉ, instituteur à Béguey.
DUVERGER, instit. à Montussan.
DUVIGNAU, empl. de comm. à Bx.
ESPAGNET, inst.-adj. à St-Macaire.
EYQUEM, instituteur à Castelnau.
EGRETEAU, instituteur à Lesparre.
FABRIÉ, inst. à Pujols (canton).
FALGÈRES, instituteur à Cars.
FAURENS, inst à St-Martin-Sescas.
FAURENS, instituteur à Léogeats.
FAURIE, instituteur à Lormont.
FARROUIL, inst. à Lalande-Cubzac.
FENASSE, inst.-adj. à La Bastide.
FONTAINE, instit. à St-Genès-de-Castillon.
FORTIN, instituteur à St-Gervais.
FRANQUETTE, instit. à Sigalens.
GALARD, instituteur à Naujean.
GALAVEAUX, professeur au collège de Bazas.
GALINOU, instituteur à Sadirac.
GARDELLE, instituteur à Origne.
GARNUNG, instituteur à Cadaujac.
GASSIAN, instituteur à Audenge.
GAUSSENS, instituteur à Verdelais.
GAUTRIC, instituteur à Vérac.
GENIS, instituteur à St-Christoly.
GEORGET, instituteur à Aubie.
GILLARD, inst.-adj. r. Dupaty, Bx.
GILLET, instituteur à Salignac.
GIRAUD, instit. à St-Quentin-de-Baron.
GIRAUDIN, instituteur à Margaux.
GIRAUDIN, instituteur à Ludon.
GODINEAU, instit. à Ordonnac.
GOUFFRAN, inst.-adj. à St-Nicolas, Bordeaux.
GOYNAUD, instituteur à Izon.
GRAND, instituteur à St-Macaire.
GRAND, inst. à St-Jean-de-Blaignac.
GRENIER, instit. à St-Christophe.
GRILLON, instituteur à St-Pardon.
GUÉRIN, instituteur aux Églisottes.
GUICHOT, instit. à St-Germain-du-Puch.

MM.					MM.

Henry, inst.-adj. rue Villeneuve, Bordeaux.
Heureude, instituteur à Cézac.
Hougues, instituteur à Cubzac.
Itey père, instituteur à Génissac.
Itey fils, instituteur à Génissac.
Ithier, inst.-adj. r. Francin, Bx.
Jamon, inst. à St-André-de-Cubzac.
Jaubert, instituteur à Eyzines.
Jay, instituteur à Omet.
Jay, instit.-adjoint à St-André-de-Cubzac.
Jolle, instituteur à Grignols.
Jouan, instituteur à Arbanats.
Joyat, inst.-adj. rue Dupaty, Bx.
Juille, instituteur à Bazas.
Jullien, libraire à Bourg.
Justin, instituteur aux Peintures.
Labeyrie, instituteur au Pian.
Labergerie, instituteur à Caychac.
Lacassagne, instit. à Bommes.
Lacoste, instituteur à Cudos.
Lacoste, instituteur à Pondaurat.
Lagauzère, inst.-adj. rue Dupaty, Bordeaux.
Lagrave, instit.-adjoint à l'École supérieure, Bordeaux.
Lalande, instituteur à Périssac.
Lalande, inst.-adj. à Marcillac.
Lalande, inst.-adj. à Listrac.
Lalande, employé au chemin de fer du Midi à Bordeaux.
Lamberthod, conducteur des ponts et chaussées à Bordeaux.
Lamude, inst.-adj. r. Dupaty, Bx.
Lanoire, inst. à Castillon-d'Auros.
Lapierre, sec. de mairie, à Bazas.
Laporte, instituteur à Bonzac.
Larauza, instituteur à Salles.
Largeteau, prof. à Bordeaux.
Laroza, instituteur à Queyrac.
Larquier, propriétaire à Sadirac.
Larrue, instituteur à Lesparre.
Larrue, prop. à St-Symphorien.
Lartigaut, instituteur à Bernos.

Lartigaut, inst.-adj. à Bazas.
Lassalle, instituteur à St-Vivien.
Latapy, instituteur à Ruch.
Lataste, instituteur à Martillac.
Latournerie, instituteur-adjoint à St-Augustin, Bordeaux.
Laujay, instituteur à Sablons.
Lauliac, employé à l'Entrepôt, Bx.
Lecourt, instituteur à La Tresne.
Lépine, instituteur à Plassac.
Lestrade, propriétaire à Cubzac.
Lisimaque, instituteur à Targon.
Loche, inst.-adj. à Blaye.
Loubiou, instituteur à Ste-Eulalie.
Mabille, instituteur à Nérigean.
Malet, instituteur à La Brède.
Mallot, instituteur à Reignac.
Maloire, inst.-adj. r. Villeneuve.
Mamilan, id. à St-Augustin, Bx.
Marsau, inst.-adj. à La Bastide.
Martin, instituteur à Hostens.
Martin, instituteur à St-Morillon.
Martin, instituteur à Bourideys.
Mathieu, instituteur à Cantenac.
Mauriac, instituteur à Camiran.
Mazerolles, inst.-adj. à Ambarès.
Merle, négociant à St-Macaire.
Métérié, instituteur à Mazères.
Meynard, propriét. à St-Laurent.
Migné, instituteur à Arcachon.
Mignot, instituteur à Monségur.
Molonguet, inst. retraité à Arsac.
Mons, instituteur à St-Sulpice.
Mons, inst.-adj. à St-Palais.
Monteau, inst. à St-Denis-de-Pile.
Montion, inst.-adj. à St-Rémi, Bx.
Mougnaud, inst.-adj. à St-Ferdinand, Bordeaux.
Mouliets, instituteur à Lamarque.
Moulinet, inst.-adjoint à St-Symphorien.
Morange, inst. à Blanquefort.
Moreau, instituteur à Grézillac.
Mothes, instituteur à Cazats.
Naud, inst. à St-Philippe-d'Aiguille

nime d'éloges dont M. Simonel est aujourd'hui et sera plus encore à l'avenir le sujet, puisse-t-elle adoucir les amertumes si cruelles de la séparation dans l'âme si résignée, si chrétienne de celle qui fut sa compagne fidèle, la vie de sa vie, dans l'âme de sa fille unique, si tendre pour ce père chéri, dans l'âme enfin de tout le reste de sa famille.

O vous, homme excellent et si regrettable, qui fûtes pour chacun de nous, ou un bon maître, ou un sincère ami, nous vous faisons, pour cette vie, nos suprêmes adieux! Mais, croyez-le bien, votre mémoire vivra toujours dans nos cœurs, suivant cette autre parole du psalmiste : « *In memoria œterna erit justus.* » Elle vivra bien mieux encore dans le cœur de ce Dieu qui est le parfait et l'éternel rémunérateur de la vertu : « *In memoria œterna erit justus.* » Touché de nos prières, il aura bientôt effacé les taches légères qui pourraient peut-être momentanément suspendre votre bonheur : puis il vous recevra dans son sein comme il y reçut Abraham, pour rendre votre félicité éternelle. C'est là que nous espérons vous revoir! C'est là que nous nous embrasserons de nouveau, et pour jamais!!!!!!

Discours de M. Girard, directeur de l'école Saint-Ferdinand, à Bordeaux.

Messieurs,

L'émotion qui est peinte sur tous les visages dans ce cortége nombreux où se remarquent tant d'hommes d'élite est une preuve que la tombe que nous entourons va ravir à l'humanité un homme de bien. M. Simonel était un de ces hommes dans toute l'acception du mot. Qu'il soit permis à un de ses anciens élèves, sinon l'un des plus dignes, du moins l'un des plus reconnaissants, d'être l'interprète de tous les instituteurs de la Gironde et de faire entendre son humble voix, après celles qui vous ont dit avec tant d'autorité les mérites, les qualités éminentes, les vertus du regretté Directeur de l'École Normale.

M. Simonel, on l'a déjà rappelé, Messieurs, dirigeait cet établissement depuis près de quarante ans. Durant cette carrière si longue, et cependant trop courte pour l'enseignement primaire et pour notre pays, qui pourrait dire le mal qu'il s'est donné pour peupler le département d'instituteurs capables, honnêtes et dévoués à la cause qu'il servait lui-même avec tant de zèle, de modestie et d'abnégation? J'en ai ici de nombreux témoins qui ne me démentiront pas. M. Simonel était tout à ses devoirs, dont il savait mesurer l'importance; tout à ses élèves, qu'il chérissait, s'ils étaient bons, qu'il aimait encore, s'ils avaient des défauts ; tout à sa chère École, dont la mort seule a pu le séparer. Les plaisirs du monde, il ne les a jamais connus. Que dis-je? il les a toujours fuis, afin, sans doute, d'en éloigner plus sûrement ses élèves en prêchant d'exemple, car il savait que ces plaisirs ne sont pas compatibles avec la vigilance et le labeur constant qui sont nécessaires aux maîtres de l'enfance.

Que dirai-je encore qui ne soit connu de tous ceux qui ont eu l'inappréciable avantage d'étudier sous sa direction ou de partager sa tâche à l'École Normale? Parlerai-je de cette bonté avec laquelle il recevait ses anciens élèves quand ils revenaient, plus tard, recourir à ses lumières et demander à son expérience des conseils pour surmonter quelques-unes des mille difficultés dont notre profession est semée? Quel instituteur ne l'a pas éprouvée? Oh! alors, ce n'était plus le maître sévère, c'était le guide aimable et affectueux, c'était le père tendre et dévoué qui épanchait son cœur, c'était l'ami qui consolait, s'il en était besoin.

Nous ne vous aurons plus, cher maître, dans les moments difficiles où vos avis et vos encouragements nous seraient si précieux; il ne nous restera que le souvenir de vos bons exemples; mais ce souvenir sera impérissable dans le cœur de tous vos élèves, où vous avez su faire naître et développer, quoi qu'en aient pu dire quelques esprits chagrins, des sentiments élevés et tout à fait dignes de vous.

Soyez heureux dans ce monde meilleur où vous venez d'entrer, après une vie si bien remplie. Goûtez au sein de Dieu, où nous croyons fermement que vous êtes admis déjà, le repos que vous avez si bien mérité !

Quant à nous, Messieurs, nous surtout, chers confrères, qui sommes la seconde famille du regretté M. Simonel, et qui, à ce titre, partageons peut-être davantage la douleur de sa veuve et de sa fille inconsolables, recueillons-nous auprès de cette tombe qui nous enlève le modèle des fonctionnaires. Disons-nous que notre vénéré Directeur a usé sa vie pour le bien de l'enseignement primaire, pour le bien des instituteurs, pour son pays, et que nous devons à sa mémoire de travailler comme lui sans relâche à l'accomplissement de tous nos devoirs.

La lettre suivante de M. le Préfet de la Gironde est un témoignage trop précieux en faveur de M. Simonel pour pouvoir être omise ici.

PRÉFECTURE DE LA GIRONDE. — CABINET DU PRÉFET.

« Bordeaux, le 14 décembre 1874.

» Monsieur,

» Je vous remercie de l'invitation que vous m'avez adressée pour le service solennel qui sera célébré le jeudi 17 du courant, en l'honneur de M. Simonel.

» J'espère qu'il me sera permis d'assister à cette cérémonie, et de rendre moi-même ce suprême hommage à la mémoire de cet homme estimable, dont j'ai pu apprécier les éminentes qualités.

» Dans le cas où des occupations imprévues m'en empêcheraient, je prierai M. le Secrétaire général de me remplacer à cette solennité, afin que l'Administration, à laquelle M. Simonel a donné un si utile concours, ne reste pas sans représentant.

» Recevez, Monsieur, l'assurance de ma considération très-distinguée.

» *Le Préfet,*
» PASCAL. »

A Monsieur CAZENAVE, directeur de l'École communale de La Bastide.

DISCOURS

DE

M. L'ABBÉ GAUSSENS

CURÉ DE SAINT-SEURIN DE BORDEAUX

PRONONCÉ DANS CETTE BASILIQUE LE 17 DÉCEMBRE 1874

A L'OCCASION DU SERVICE FUNÈBRE CÉLÉBRÉ POUR LE REPOS DE L'AME DE M. SIMONEL.

Messieurs,

Avant d'achever ces prières liturgiques que nous offrons à Dieu pour l'âme de votre cher et regretté Directeur, qu'il me soit permis de dire, moi aussi, quelques mots après ceux qui ont déjà parlé si éloquemment sur sa tombe :

Je fus le pasteur de M. Simonel. Après son départ de Bordeaux, je restai son ami et le confident sacré de ses pensées intimes. J'ai été, dans ces derniers temps, à plusieurs reprises, le témoin de ses douleurs suprêmes, ainsi que de sa patience inaltérable et de sa résignation chrétienne. Mon ministère, qu'il accepta avec joie, a peut-être adouci l'amertume de ses derniers jours. J'ai quelque titre et trouve quelque douceur à vous parler de lui.

Je vous remercie d'abord, Messieurs, d'avoir choisi cette Église pour lieu de rendez-vous de votre piété filiale et de vos saintes prières. Vous n'êtes point des étrangers ici. Il y a quinze ans, cette Église était la vôtre. Voilà la place où vous veniez, chaque dimanche, édifier les fidèles par votre bonne tenue et les réjouir par l'harmonie et la majesté de vos chants. Votre Directeur était à votre tête, vous encourageant et vous donnant l'exemple. L'Église de Saint-Seurin vous reconnaît, Messieurs, vous surtout les anciens de l'École; elle vous salue, elle vous accueille avec joie, et volontiers vous ferait fête, si ce jour n'était pour elle un jour de deuil aussi bien que pour vous.

M. Simonel fut, en effet, durant plusieurs années, l'un des administrateurs de cette paroisse. Il concourut, pour sa part, à l'embellissement de la vieille basilique, et, après l'avoir quittée, il ne cessa de s'intéresser à tout ce qui la touchait.

Mais, Messieurs, que puis-je vous dire de M. Simonel que vous ne sachiez déjà, et mieux que moi? Une chose parle de votre vénéré maître plus haut que tous les discours : c'est cette réunion dont on trouverait difficilement des exemples. Les instituteurs de deux départements assemblés auprès du cénotaphe de celui qui les forma! Quarante générations de fils accourus pour pleurer ensemble sur leur père!

MM.

Naud, instituteur à Montagne.
Nercam, instituteur à Noaillan.
Nouvellement, instituteur-adjoint rue Sicard, Bordeaux.
Ovive, propriétaire à Listrac.
Paul, instituteur au Teich.
Pauly, instituteur à St-Palais.
Pelletan, inst. à St-Ciers-Lalande.
Perrein, inst.-adjoint rue Dupaty, Bordeaux.
Petit, inst. à St-Ciers-de-Canesse.
Pétrique, instituteur à Mestras.
Peydecastaing père, instituteur à Caudrot.
Peydecastaing fils aîné, instituteur à Savignac.
Peydecastaing jeune, instituteur à St-Pierre-de-Mons.
Peyrolle, instituteur à Tuzan.
Piet, instituteur à Saillans.
Pineau, notaire à Quinsac.
Piron, instituteur à Grézillac.
Plazet, inst.-adj. à St-Augustin, Bordeaux.
Poitevin jeune, inst. à Carignan.
Pontallier, propriét. à Saucats.
Pontallier, propriét. à Capian.
Pujols, instituteur à La Sauve.
Pujols, instituteur à Marions.
Pujos.
Pruède, instituteur à Jau.
Quet aîné, instituteur à Coutras.
Quet jeune, instit. à St-Médard.
Ract-Madoux, directeur de l'École supérieure à Bordeaux.
Rey, instituteur à Louchats.
Rezongle, instituteur à Artigues.
Ricard, inst.-adj. à Noaillan.
Ricard, inst.-adj. à l'Éc. sup. à Bx.
Richard, inst. à St-André-du-Bois.

MM.

Rigal, instituteur à Cestas.
Rivière, insp. primaire à Bazas.
Robert, instituteur à Barie.
Robert, inst.-adj. à l'Éc. sup., Bx.
Roubin, instit. retraité à La Sauve.
Roumand, inst.-adjoint au Bouscat.
Rousseau, instituteur à Cérons.
Rozié père, instituteur à Belin.
Rozié fils, inst.-adj. à La Bastide, Bordeaux.
Sainsevin, instit. à St-Laurent.
Salles, chimiste à Bordeaux.
Sarraute, institut. à Gradignan.
Sauboua, institut. à Puybarban.
Sauboua, instituteur à Lignan.
Sauvaget, inst.-adj. à Lormont.
Sauvignac, instituteur aux Lèves.
Sauzet, instituteur à Pujols.
Savarias, instituteur à Paillet.
Segrestan, instit. à Mongauzy.
Serpaud, instit. à Parempuyre.
Serres, inst.-adj. à St-Rémi, Bx.
Seurin, instituteur au Porge.
Sibadey, instituteur à St-Michel-la-Rivière.
Soulié, instituteur au Bouscat.
Tauzin, instituteur à Léognan.
Tauzin, instituteur à Preignac.
Tauzin, inst.-adj. à Hostens.
Ténot, inst.-adj. r Villeneuve, Bx.
Tillet, inst.-adj. à l'Éc. sup. à Bx.
Tiret, inst.-adj. à St-Rémi, Bx.
Trigant, instituteur à Montigaut.
Turban, instituteur à Cussac.
Turgan, instituteur à Bruges.
Uzubeck, inst.-adj. r. Dupaty, Bx.
Valteaud, empl. à l'Entrepôt, Bx.
Vimeney, propriétaire à Gabarnac.
Vincent, instituteur à Bagadan.
Virolleau, instituteur à Cabanac.

Souscripteurs de Lot-et-Garonne.

MM.

Armand, inst. à St-Jean-de-Thurac.
Authier, instituteur à Gavaudan.

MM.

Bareyre, instituteur à Puymiclan.
Bazoin, instituteur à St-Léger.

MM. MM.

BERNIÈS, inst.-adj. à Ste-Livrade.
BIÉ, instituteur à Pardailhan.
BOISSERIE, instituteur à Doudrac.
BOMPART, instituteur à Ruffiac.
BOUET, instituteur à Cuq.
BOUET, prof. au lycée d'Agen.
CALBET, instituteur à St-Cirq.
CAMPMAS, instituteur à Pujols.
CANTOU, inst. à Loubès-Bernat.
CAPDEVILLE, instituteur à Dausse.
CARRÈRE, instit. à Fongrave.
CARRÈRE, instit. à Andiran.
CARRÈRE, inst.-adj. à Buzet.
CASTAGNÉ, institut. à Castillonnès.
CARLAT, inst.-adj. à Penne.
DALLIÈS, instituteur à Aubiac.
DARQUÉ, inst.-adj. à Port-Ste-Marie
DARTIGUES, instituteur à Agen.
DESPUGEOL, instituteur à Fargues.
DULAC, instituteur à Buzet.
DUMAS, instituteur à Verteuil.
ELIE, instituteur à Mongaillard.
ESPÈS, instituteur à Moncrabeau.
FAGET, instituteur à Villeneuve.
FAUTOUX, instituteur à Lagruère.
GACHET, inst.-adj. à Villeneuve-St-Etienne.
GIRAUDEAU, instituteur à Salles.
GUILLOT, prof. au lycée d'Agen.
JEAN, instituteur à St-Maurin.
JULLIA, instituteur à Frespech.

LALIBERT, instituteur à Boudy.
LABAN, inst.-adj. à Villeréal.
LAMOUROUX, inst. à St-Pastour.
LAMOUROUX, inst. à St-Georges.
LANARTIC, instit. à Caumont.
LAVIELLE, instituteur à Bias.
LEYGUES, instituteur à Bournel.
LASCAZES, id. en congé à Sauveterre.
MALHERBE, sec. insp. d'Ac. à Agen.
MARTAL, inst. à St-Sauveur-de-Lévignac.
MARTINET, instituteur à Lasserre.
MAURY, instituteur à St-Salvy.
MAZARÉ, instituteur à Courbiac.
MAZÉRET, instituteur à Seyches.
MUSSOTTE, instituteur à Villeréal.
MARMIÉ, inst.-adj. à Blanquefort.
MARC, instituteur à Lacaussade.
PARÇAT, instituteur à Perricard.
PRÉVÔT, instituteur à Nicole.
PEYRÉ, instituteur à Fauillet.
PRUNET, instituteur à Monbahus.
RABÈS, inst. à Meneaux-de-Feugarolles.
RENUN, inst.-adj. à Barbaste.
RIVIÈRE, inst.-adj. à Agen.
ROZIÈRES, inst.-adj. à Astaffort.
SOUBIRAN, instituteur à Razimet.
TAURIAC, instituteur à Dolmayrac.
TROCHON, instituteur à Laplume.
VIDAL, instituteur à Engayrac.

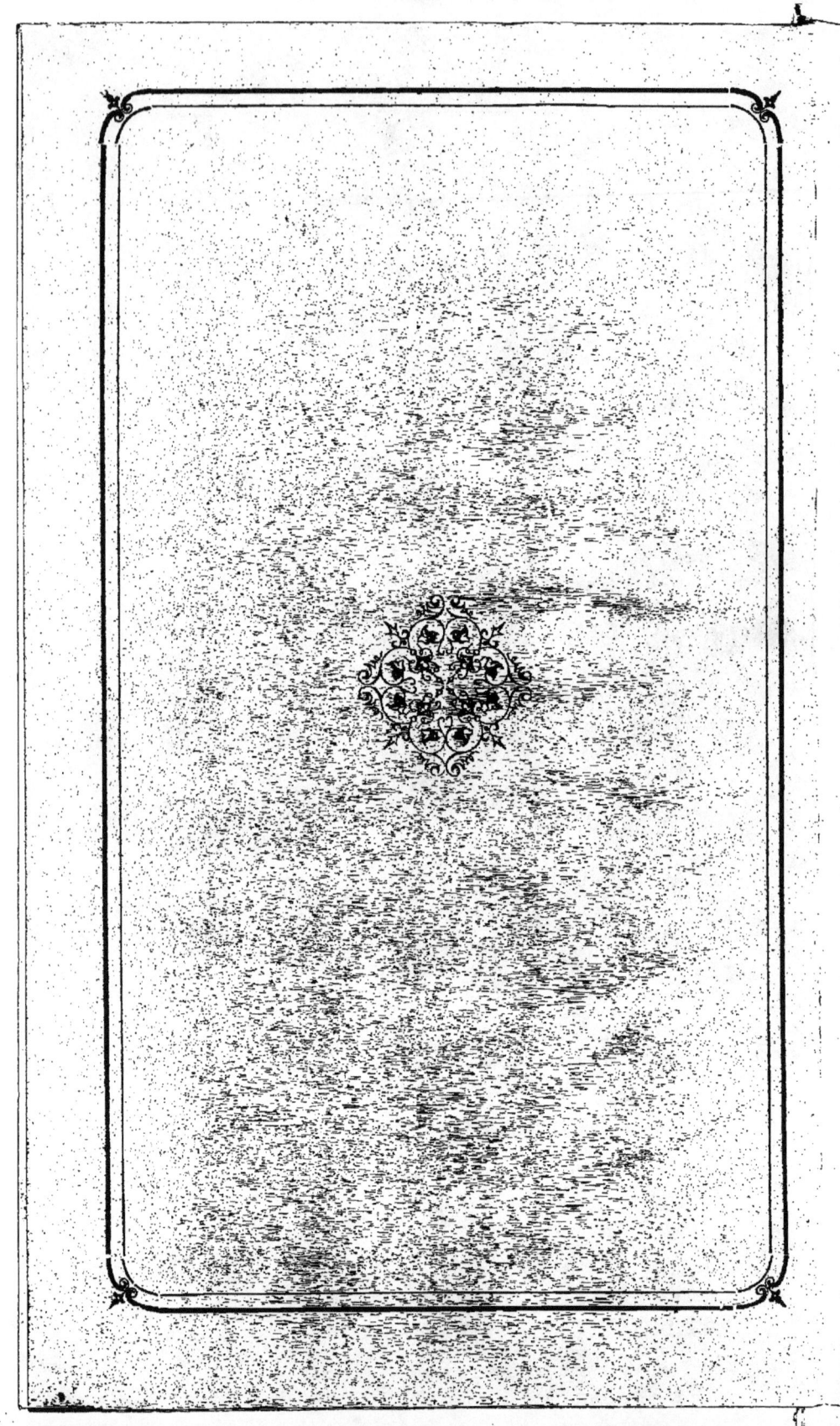

www.ingramcontent.com/pod-product-compliance
Lightning Source LLC
Chambersburg PA
CBHW070705050426
42451CB00008B/504